HEYNE <

FIRST WORLD PROBLEMS

WILHELM HEYNE VERLAG
MÜNCHEN

Ich will
Musik hören
UND
fernsehen.

Mein Passwort
ist abgelaufen.
ICH HABE DIESES
PASSWORT GELIEBT.

GOLDEN DELICIOUS ÄPFEL?

Wo ist
mein lokal
angebauter,
ungespritzter,
historischer
Adersleber
Kalvill?

Nicht genug Gold, um meinem Elfenkönig aus World of Warcraft einen neuen Streithammer zu kaufen.

HABE WOCHENLANG AN MEINEM SAILOR MOON-KOSTÜM GEBASTELT.

ES IST DAS
SCHLECHTESTE
AUF DER
COMIC-CON.

Sechs Jahre,
um eine
Fortsetzung
zu schreiben?
IM ERNST?

Ich will
beim
Einschlafen
Kopfhörer
tragen –
aber ich
bin SEITEN-
SCHLÄFER.

Mein neuer
HD-Fernseher
ist zu schmal.
Der Wii-Sensor fällt
dauernd herunter.

MEINE
PUTZFRAU
IST ALT, UND
ICH FÜHLE
MICH SCHULDIG,
WENN ICH IHR
BEIM ARBEITEN
ZUSEHE.

SIRI
VERSTEHT
MICH NICHT.

Mein Volvic ist alle …

... also muss ich
meiner Katze
NORMALES
LEITUNGS-
WASSER geben,
als wäre sie irgend
so ein wildes Tier.

Er sagte,
er interessiere
sich für
Mode.

Woher sollte ich wissen, dass er COSPLAYER ist und auf MEIN KLEINES PONY steht?

VERDAMMT.

Das waren eigentlich VIER MUFFINS. Jetzt ist mir schlecht.

Habe für das All-you-can-eat-Büffet bezahlt und bin schon nach **EINEM TELLER SALAT** voll.

20 NUGGETS.

EIN

DIP.

Hallo?!

Meine Mama liest
Shades of Grey.

Ich will
draußen lesen,

aber wegen
der BLÖDEN
SONNE kann
ich auf dem
Bildschirm
nichts erkennen.

Ich **WEISS**
genau, dass
die Angestellten
im Nagelstudio
über mich
reden …

... aber ich weiß nicht mal, welche Sprache sie sprechen.

Die Nachbarn schützen
ihr W-Lan neuerdings
mit einem Passwort.

Das Auto vor mir
blinkt nicht im
Rhythmus mit dem
Lied, das gerade
im Radio läuft.

Diese **WERBUNG** ist nicht auf mich zugeschnitten.

KEIN
EMPFANG
AUF DER
BÜROTOILETTE.

O MEIN GOTT.
Das ist total KHAKI.

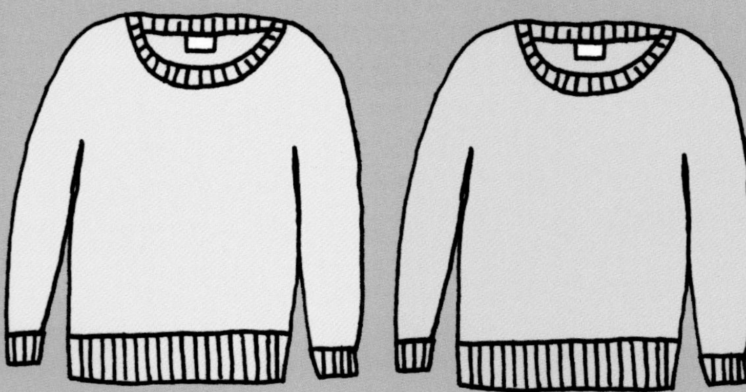

Dabei stand
auf der Website
eindeutig »Ecru«.

BÄH,

Kaffeesahne.

Wie bitte?!
Schaum in meiner
»Vanille-Karamell-
Latte ohne
Schaum«?

Mülltrennung
ist so
LANGWEILIG.

Warum machen die das nicht auf dem Wertstoffhof?

Kann mich nicht zwischen Altweiß, Champagner und Eierschale als Wandfarbe für meinen FLUR entscheiden.

MEIN TELEFON IST WEG.

Kann aber nicht meinen Freund bitten, anzurufen, damit ich es finde, sonst hört er, dass mein Klingelton für ihn »Never let you go« von Justin Bieber ist, und das überlebe ich nicht.

Als
LOKAVOR
darf ich kein
Fiji-Wasser
mehr trinken.

Sekt aus
der Dose
schmeckt
KOMISCH.

Lieblingsband
spielt auf der
Hauptbühne.

Miese Band meines
Freundes spielt
gleichzeitig auf
der Nebenbühne.

Mein
Laufband
ist kaputt.
Jetzt muss ich
DRAUSSEN joggen.

Mein iPod hat
in der Mitte
des Workouts
schlappgemacht.
Zu 30 Minuten
STILLE verdammt.

Warum gibt es keine Bio-Freilandeier mit weißer Schale?

Braune Schalen
sind **EKLIG.**

Hab mir zugedröhnt eine aufgezeichnete Sendung angesehen und vergessen, die Werbung zu überspringen.

Kostbare Minuten meines Lebens VERGEUDET!

Meine Mikrowelle
bietet mir

ZU VIELE OPTIONEN.

In dem ganzen
verdammten Keks
sind vielleicht
ZWEI
Schokostücke.

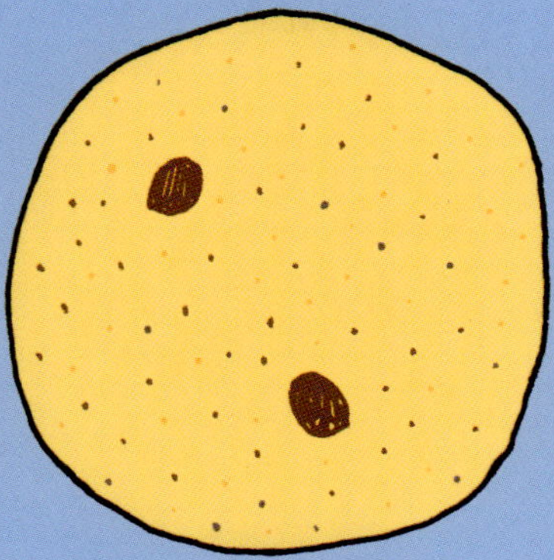

»Gourmet«, my ass!

Ich habe nicht
mehr genug Chips
für meinen Dip,
aber wenn ich eine
neue Tüte aufmache,
habe ich nicht mehr
genug Dip für
meine Chips.

Eisbergsalat auf meinem
12-Euro-Sandwich.

Dieses schwedische
Möbelstück ist
ZU KOMPLIZIERT
zum Zusammenbauen.

HØÖPUURVIØI

Mein Cookie
ist zu groß für
mein Glas.

Latte Macchiato

Blöde schwangere Frau steigt in die U-Bahn.

Muss ihr meinen
Platz geben,
sonst starren
mich **ALLE** an.

Mein Akku ist leer.
Muss mein Handy eingesteckt benutzen, als wäre ich ein verdammter Hund an der Leine.

Bon Jovi?
CLASSIC ROCK?
Im Ernst?

Die Autokorrektur korrigiert meine Kraftausdrücke.

Aber die Veränderungen sind **NIE** lustig genug zum Posten.

Die Batterien
meiner
elektrischen
Zahnbürste
sind leer.

Jetzt muss ich eine normale

HANDZAHNBÜRSTE

benutzen, als wäre ich irgend so ein Höhlenmensch.

ICH WERDE
WAHRSCHEINLICH
NIE EINEN PINGUIN
BESITZEN.

Wie zum Teufel faltet man Spannbetttücher?

Moment, Bügeleisen haben Temperatur-regler?

Mitten in einem
SEHR WICHTIGEN
Raubzug.
Freundin will Sex.
Manche Leute
haben keinen Sinn
für Prioritäten.

Dieser norwegische Death Metal-Internet-Kanal ist total scheiße.

Meine Oma hat
mir versehentlich
eine schmutzige
SMS geschickt.

Offenbar ist ihr
Sexleben interessanter
als meins.

Meine Mutter will mit mir **AUF FACEBOOK** befreundet sein.

Meine Mutter hat unsere **Facebook-Freundschaft** gekündigt.

Niemand hat meinen Status geliked.

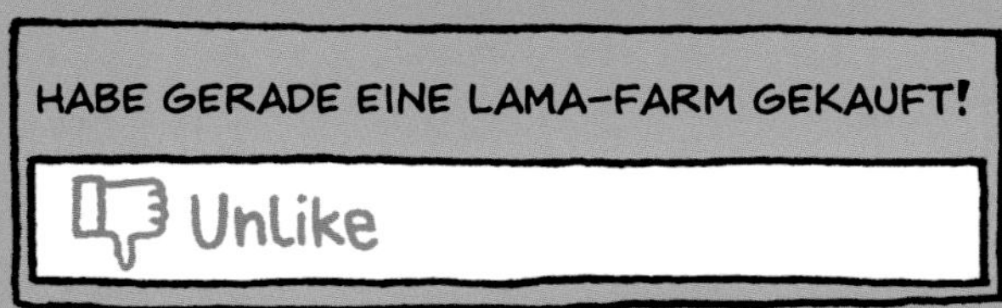

Konnte die neueste Version meines Lieblingsspiels nicht illegal downloaden. Musste sie tatsächlich kaufen. Mit echtem Geld!

Bin meinem Therapeuten bei einem Treffen der Anonymen Alkoholiker begegnet.

Meine Ex geht
gelegentlich
in meine
Lieblingsbar.
Jetzt muss ich zu
Hause trinken.

Beim Drop-down-Menü sollte ganz oben Deutschland stehen.

Warum muss ich durch
all diese lachhaften
Zwergstaaten scrollen,
die zusammen auf
12 Einwohner kommen?
Andorra?

WO SOLL DAS SEIN?

ES GIBT
WEBSITES,
DIE NICHT
AUF DEUTSCH
SIND.

Meine Kopfhörer verfügen über »aktive Geräusch-unterdrückung«,

aber ich höre immer noch Sachen.

Papierstau.

Scheibenwischer-
Stufe eins ist zu
langsam.

Stufe zwei
ist zu schnell.

Keine
Becherhalter.

Zigarette geschnorrt.

Es war eine mit
MENTHOL.

MIX
Papier aus verantwortungsvollen Quellen
FSC® C021783

Verlagsgruppe Random House FSC® N001967
Das für dieses Buch verwendete FSC®-zertifizierte Papier
Hello Fat Matt 1,1 liefert Condat, Le Lardin Saint-Lazare,
Frankreich.

Deutsche Erstausgabe 07/2014

Umschlaggestaltung vorne: Nele Schütz Design, München
Umschlaggestaltung hinten: Nele Schütz Design, München
(unter Verwendung einer illustration von Gemma Correl)
Illustrationen: Gemma Correl
Übersetzung: Martin Bauer
Satz: EDV-Fotosatz Huber/
Verlagsservice G. Pfeifer, Germering
Druck und Bindung: RMO, München
Printed in Germany 2014
ISBN 978-3-453-60313-4

www.heyne.de